어르신
레크레이션북
시리즈 18

어휘력·뇌 훈련·노화방지에 도움 되는

어른을 위한

속담
필사
노트 俗談

김진남 엮음 ————

Vitamin Book
헬스케어

뇌 운동으로 뇌를 젊게!

사람이 나이를 먹어 노화가 진행되면 뇌도 함께 늙어갑니다. 뇌의 인지 능력이 떨어져서 새로 배운 것을 기억해 내는 힘은 점점 저하되지만 지혜나 지식, 경험은 나이를 먹을수록 축적됩니다. 오랫동안 지식이나 경험이 계속 쌓이다 보니 삶에서 우러나온 지혜는 오히려 젊은이들보다 뛰어난 경우가 많습니다.

뇌는 나이와 상관없이 변화하고 발달할 수 있습니다. 그러므로 뇌를 잘 알고 관리하면 노화의 속도를 늦출 수 있으며 기억력도 더 좋아질 수 있습니다. 때때로 생각이 나지 않는 상황과 맞닥뜨릴 때는 나이를 탓하며 포기하지 말고 기억력 향상에 도움을 주는 방법을 찾아 노력해 봅시다.

뇌가 젊어지는 방법

1) 꾸준히 두뇌 활동을 한다 : 손을 사용하여 뇌를 자극하면 좋습니다. 종이 접기, 색칠하기, 퍼즐 등을 자주 풀면 뇌의 기능을 향상시킬 수 있습니다.

2) 몸을 움직인다 : 유산소 운동이나 근육 운동을 늘립니다. 근육 운동뿐 아니라 사회활동과 긍정적인 사고를 하는 사람은 치매에 걸릴 확률이 낮아집니다. 걷기, 등산, 수영, 명상 등 운동을 꾸준히 합니다.

3) 식사에 신경을 쓴다 : 뇌를 지키기 위해서는 제때에 규칙적으로 식사하고 생선·채소·과일 등을 많이 섭취하며 기름진 음식은 자제하도록 합니다. 특히 비만이 되지 않도록 체중 조절에 신경 써야 합니다.

4) 사람들과 적극적으로 교류한다 : 다양한 인간관계를 유지하고 여러 사람과 교류하도록 노력해야 합니다. 봉사활동 등을 통해 좀 더 다양하고 친밀한 사회적 관계를 맺을 수 있습니다. 홀로 집에만 있지 말고 밖으로 나가서 만나도록 합시다.

머리말

  우리는 일상 대화 중에 알게 모르게 속담과 고사성어를 많이 사용하고 있습니다. 그러나 그 속담과 고사성어의 진정한 어의를 알고 쓰는 경우보다는 적절치 않은 속담과 고사성어를 쓰는 경우가 있습니다.

  속담과 고사성어란 말 그대로 '옛일로부터 유래되어 전해 내려오는 말'을 뜻합니다. 속담과 고사성어에는 깊은 뜻과 오묘한 진리를 담고 있으며, 또한 그 속에는 역사, 격언, 해학, 생활의 지혜가 함께 배어 있어 인생의 지침이 되고 교훈이 됩니다.

  속담과 고사성어는 그 성구 하나 하나가 바로 이야깃거리이므로 부담을 같고 공부하는 것이 아니라 재미있게 읽어 가면서 자신의 실제 생활과 비교하여 그 속에서 삶의 지혜를 찾아내는 것입니다. 수천 년 동안 간직해 온 성현들의 가르침을 되새겨 보고 또 선인들의 지혜로운 삶을 배움으로써 바람직한 가치관과 올바른 인생관을 갖게 되었으면 합니다.

차례

어른을 위한

속담
필사
노트 俗
談

뜻을 생각하며 읽어 보세요.

가난할수록 기와집 짓는다

: 가난한 사람이 남에게 잘사는 것처럼 보이려고 겉치장을 한다는 말.

비슷한 고사성어

羊質虎皮(양질호피)_속은 양이고 거죽은 호랑이라는 뜻으로, 겉은 그럴 듯한데 실속은 없고 겉만 꾸미는 일을 이르는 말.

羊 質 虎 皮	양 질 호 피
羊 質 虎 皮	양 질 호 피

· · · · · · · · · · · ·

가는 말이 고와야 오는 말이 곱다

: 자기가 먼저 남에게 잘 대해 주어야 남도 자기에게 잘 대해 준다는 말.

비슷한 고사성어

去言美來言美(거언미래언미)_가는 말이 고와야 오는 말이 곱다는 뜻, 내가 남에게 좋게 대해야 남도 나에게 좋게 대한다는 말.

去 言 美 來 言 美	거 언 미 래 언 미
去 言 美 來 言 美	거 언 미 래 언 미

다음 문장을 예쁘게 써 보세요.

| | 가 | 난 | 할 | 수 | 록 | | 기 | 와 | 집 | ✓ |

짓 는 다

| | 가 | 는 | | 말 | 이 | | 고 | 와 | 야 | ✓ |

오 는 　 말 이 　 곱 다

뜻을 생각하며 읽어 보세요.

가시나무에 가시가 난다

: 원인이 있으면 반드시 그 원인에 합당한 결과도 있게 마련이라는 말.

비슷한 고사성어

礎潤而雨(초윤이우)_주춧돌이 축축해지면 비가 온다는 뜻으로, 일이 일어날 때는 반드시 그 징조가 있다. 즉 원인이 있으면 결과가 있다는 말.

| 礎 | 潤 | 而 | 雨 | 초 | 윤 | 이 | 우 |

가재는 게 편

: 됨됨이나 형편이 비슷한 사람끼리 어울리게 되어 서로 사정을 보아주는 것을 이르는 말.

비슷한 고사성어

同病相憐(동병상련)_같은 병을 앓는 환자끼리 서로 가엾게 여긴다는 뜻으로, 어려운 처지에 있는 사람끼리 동정하고 돕는다는 말.

| 同 | 病 | 相 | 憐 | 동 | 병 | 상 | 련 |

다음 문장을 예쁘게 써 보세요.

	가	시	나	무	에		가
	가	시	나	무	에		가
시	가		난	다			
시	가		난	다			

| | 가 | 재 | 는 | | 게 | | 편 |
| | 가 | 재 | 는 | | 게 | | 편 |

가지 많은 나무에 바람 잘 날이 없다

: 자식을 많이 둔 어버이에게는 근심이 끊일 때가 없다는 말.

비슷한 고사성어

樹欲靜而風不止(수욕정이풍부지)_나무는 조용하고자 하나 바람이 그치지 않는다는 뜻, 가지 많은 나무에 바람 잘 날 없다는 말.

樹欲靜而風不止 수욕정이풍부지

樹欲靜而風不止 수욕정이풍부지

값도 모르고 싸다 한다

: 속사정도 잘 모르면서 이러니저러니 참견하려 한다는 말.

비슷한 고사성어

干卿何事(간경하사)_그대와 무슨 상관이냐는 뜻으로, 쓸데없이 남의 일에 참견하는 사람을 비웃을 때 쓰는 말.

干 卿 何 事   간 경 하 사

干 卿 何 事   간 경 하 사

다음 문장을 예쁘게 써 보세요.

| | 가 | 지 | | 많 | 은 | | 나 | 무 | 에 | ✓ |
| | 가 | 지 | | 많 | 은 | | 나 | 무 | 에 | |

| 바 | 람 | | 잘 | | 날 | 이 | | 없 | 다 | |
| 바 | 람 | | 잘 | | 날 | 이 | | 없 | 다 | |

....

| | 값 | 도 | | 모 | 르 | 고 | | 싸 | 다 | ✓ |
| | 값 | 도 | | 모 | 르 | 고 | | 싸 | 다 | |

| 한 | 다 | | | | | | | | |
| 한 | 다 | | | | | | | | |

같은 값이면 다홍치마

: 같은 조건이면 더 좋은 쪽을 택하는 것이 낫다는 말.

비슷한 고사성어

同價紅裳(동가홍상)_같은 값이면 다홍치마라는 뜻으로, 같은 값이면 품질이 좋은 것을 선택한다는 말.

同 價 紅 裳	동 가 홍 상
同 價 紅 裳	동 가 홍 상

. . . .

개천에서 용 난다

: 변변하지 못한 집안에서도 훌륭한 인물이 난다는 말.

비슷한 고사성어

開川龍出乎(개천용출호)_개천에서 용 났다는 뜻으로, 변변치 못한 부모나 보잘것없는 집안에서 뛰어난 인물이 나왔다는 말.

開 川 龍 出 乎	개 천 용 출 호
開 川 龍 出 乎	개 천 용 출 호

다음 문장을 예쁘게 써 보세요.

	같	은		값	이	면	
	같	은		값	이	면	
다	홍	치	마				
다	홍	치	마				

	개	천	에	서		용	
	개	천	에	서		용	
난	다						
난	다						

게 눈 감추듯 한다

: 음식을 몹시 빠르게 먹는 것이 게가 눈을 감추듯이 빠르다는 말.

비슷한 고사성어

電光石火(전광석화)_번갯불과 부싯돌을 칠 때 나는 불꽃이라는 뜻으로, 매우 짧은 시간이나 매우 재빠른 움직임을 이르는 말.

電 光 石 火	전 광 석 화
電 光 石 火	전 광 석 화

계란에도 뼈가 있다

: 운수가 나쁜 사람은 으레 될 일도 뜻밖의 재앙을 만난다는 말.

비슷한 고사성어

鷄卵有骨(계란유골)_달걀에도 뼈가 있다는 뜻으로, 항상 일이 잘 풀리지 않는 사람이 모처럼 좋은 기회를 만났으나 그 역시 잘 안 될 때를 이르는 말.

鷄 卵 有 骨	계 란 유 골
鷄 卵 有 骨	계 란 유 골

다음 문장을 예쁘게 써 보세요.

	게		눈		감	추	듯 ✓
	게		눈		감	추	듯
한	다						
한	다						

	계	란	에	도		뼈	가 ✓
	계	란	에	도		뼈	가
있	다						
있	다						

17

뜻을 생각하며 읽어 보세요.

고기도 먹어 본 놈이 잘 먹는다

: 무슨 일이든 늘 하던 사람이 더 잘하게 된다는 말.

비슷한 고사성어

舊官名官(구관명관)_무슨 일이든지 경험이 많고 익숙한 사람이 잘한다는 뜻으로, 모든 일에는 경험이 필요하다는 말.

舊 官 名 官	구 관 명 관
舊 官 名 官	구 관 명 관

....

고생 끝에 낙이 온다

: 어렵고 힘든 일을 겪고 나면 반드시 즐겁고 행복한 날도 찾아온다는 말.

비슷한 고사성어

苦盡甘來(고진감래)_쓴 것을 다 겪은 후에는 단것을 맛볼 수 있다는 뜻으로, 고생한 끝에는 그 보람으로 즐거움이 온다는 말.

苦 盡 甘 來	고 진 감 래
苦 盡 甘 來	고 진 감 래

다음 문장을 예쁘게 써 보세요.

	고	기	도		떡	어		본 ✓
고	기	도		떡	어		본
놈	이		잘		떡	는	다	
놈	이		잘		떡	는	다	

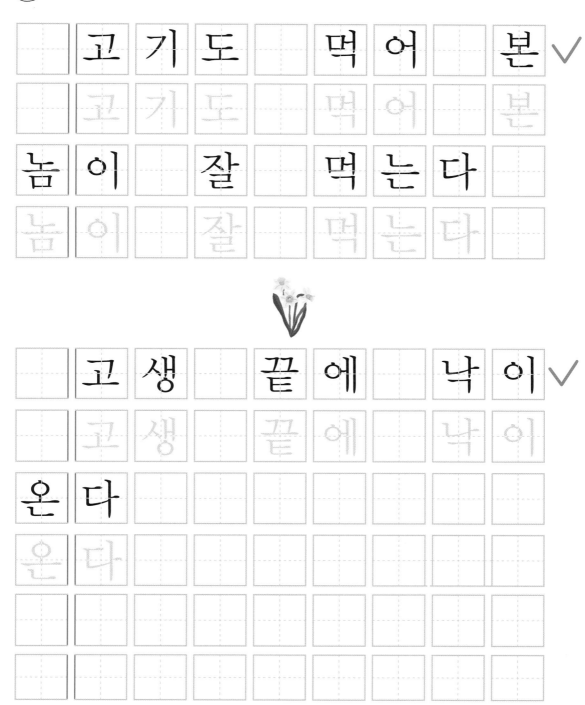

	고	생		끝	에		낙	이 ✓
	고	생		끝	에		낙	이
온	다							
온	다							

고양이 목에 방울 달기

: 실행하기 매우 어려운 일을 공연히 의논하는 것을 이르는 말.

비슷한 고사성어

猫頭縣鈴(묘두현령)_쥐가 고양이 목에 방울 달기란 뜻으로, 현실성이나 실천 가망성이 전혀 없는 쓸데없는 논의를 한다는 말.

猫 頭 縣 鈴	묘 두 현 령
猫 頭 縣 鈴	묘 두 현 령

고양이 보고 반찬 가게를 지키라는 격

: 지켜달라고 부탁했다가 도리어 도둑 맞을 일이라는 말.

비슷한 고사성어

開門納賊(개문납적)_문을 열어 도둑을 맞이한다는 뜻으로, 자기가 저지른 일의 과보를 자기 자신이 받는다. 즉 제 스스로 화를 불러들인다는 말.

開 門 納 賊	개 문 납 적
開 門 納 賊	개 문 납 적

다음 문장을 예쁘게 써 보세요.

고양이 목에 방울 ✓
고양이 목에 방울

달기
달기

고양이 보고 반찬 ✓
고양이 보고 반찬

가게를 지키라는 격
가게를 지키라는 격

고양이 쥐 생각

: 속으로는 해칠 생각이면서도 겉으로는 생각해 주는 척하는 것을 이르는 말.

비슷한 고사성어

口蜜腹劍(구밀복검)_입으로는 달콤한 말을 하면서 뱃속에는 칼을 지녔다는 뜻, 친절한 체하지만 속으로는 해칠 생각을 한다는 말.

口 蜜 腹 劍	구 밀 복 검
口 蜜 腹 劍	구 밀 복 검

곡간에서 인심 난다

: 굶주린 사람을 구해 주려면 양곡이 넉넉히 있어야 구해 줄 수 있다는 말.

비슷한 고사성어

衣食足而知禮節(의식족이지예절)_먹고 입는 것이 넉넉해야 예의나 체면을 알게 된다는 뜻으로, 생활이 풍족해야 비로소 예의와 체면을 차릴 수 있다는 말.

衣食足而知禮節	의식족이지예절
衣食足而知禮節	의식족이지예절

다음 문장을 예쁘게 써 보세요.

	고	양	이		쥐		생
	고	양	이		쥐		생
각							
각							

	곡	간	에	서		인	심 ∨
	곡	간	에	서		인	심
난	다						
난	다						

공든 탑이 무너지랴

: 힘을 다하고 정성을 기울여 이룩해 놓은 일은 그리 쉽게 무너지지 않는다는 말.

비슷한 고사성어

積功之塔不隳(적공지탑불휴)_공을 많이 들인 일은 쉽게 무너지지 않는다는 뜻으로, 어떤 일이든 정성을 다하면 아주 어려운 일도 풀리고 이루어진다는 말.

積功之塔不隳   적공지탑불휴

積功之塔不隳   적공지탑불휴

공자 앞에서 문자 쓴다

: 자기보다 훨씬 유식한 사람 앞에서 잘 아는 체하는 경우를 이르는 말.

비슷한 고사성어

耕當問奴(경당문노)_농사 짓는 일은 머슴에게 물어야 한다는 뜻으로, 무슨 일이든 그 방면의 전문가와 상의해야 한다는 말.

耕當問奴   경당문노

耕當問奴   경당문노

다음 문장을 예쁘게 써 보세요.

	공	든		탑	이		무
	공	든		탑	이		무

너	지	라					
너	지	라					

	공	자		앞	에	서	
	공	자		앞	에	서	

문	자		쓴	다			
문	자		쓴	다			

구슬이 서 말이라도 꿰어야 보배다

: 아무리 좋은 것이라도 쓸모 있게 만들어 놓아야 가치가 있다는 말.

비슷한 고사성어

玉不磨無光(옥불마무광)_옥도 갈지 않으면 빛나지 않는다는 뜻으로, 천성이 탁월해도 학문이나 수양을 쌓지 않으면 훌륭한 인물이 못 된다는 말.

玉 不 磨 無 光　옥 불 마 무 광

玉 不 磨 無 光　옥 불 마 무 광

궁지에 몰린 쥐가 고양이를 문다

: 아무리 약한 것이라도 죽을 지경에 이르면 강적에게 맞선다는 말.

비슷한 고사성어

窮寇莫追(궁구막추)_궁지에 몰린 적을 끝까지 추격하면, 필사적으로 발악하여 해를 입히니 지나치게 핍박하여 추적하지 말라는 말.

窮 寇 莫 追　궁 구 막 추

窮 寇 莫 追　궁 구 막 추

다음 문장을 예쁘게 써 보세요.

구슬이 서 말이라
도 꿰어야 보배다

궁지에 몰린 쥐가 ✓
고양이를 문다

궁한 뒤에 행세를 본다

: 어렵게 된 때에야 그 사람의 참다운 행실과 그 기개도 엿볼 수 있다는 말.

비슷한 고사성어

家貧思良妻(가빈사양처)_살림살이가 가난해지면 어진 아내를 생각하게 된다는 뜻으로, 편안할 때는 생각조차 안 하다가 어려움이 닥칠 때 아쉬워한다는 말.

家貧思良妻　가빈사양처

家貧思良妻　가빈사양처

귀신이 곡할 노릇이다

: 일이 너무나 신기하여 귀신도 탄복할 만하다는 말.

비슷한 고사성어

神出鬼沒(신출귀몰)_귀신같이 나왔다가 감쪽같이 없어진다는 뜻으로, 자유자재로 출몰하여 그 변화를 헤아릴 수 없다는 말.

神出鬼沒　신출귀몰

神出鬼沒　신출귀몰

다음 문장을 예쁘게 써 보세요.

	궁	한		뒤	에		행
	궁	한		뒤	에		행

세	를		본	다			
세	를		본	다			

	귀	신	이		곡	할	
	귀	신	이		곡	할	

노	릇	이	다				
노	릇	이	다				

뜻을 생각하며 읽어 보세요.

급하면 바늘허리에 실 매어 쓸까

: 무슨 일이나 일정한 절차와 순서가 있으니 아무리 급하더라도 침착하게 그에 좇아 하지 않을 수 없다는 말.

비슷한 고사성어

登高自卑(등고자비)_높은 곳에 오르려면 낮은 곳부터 오른다는 뜻으로, 만사에는 반드시 차례를 밟아야 한다는 말.

登 高 自 卑	등 고 자 비
登 高 自 卑	등 고 자 비

급할수록 돌아가라

: 아무리 급한 일이라도 여유를 갖고 처리해야 한다는 말.

비슷한 고사성어

欲速不達(욕속부달)_급히 서두르면 달성하지 못한다는 뜻으로, 너무 조급하게 서두르면 오히려 일을 그르친다는 말.

欲 速 不 達	욕 속 부 달
欲 速 不 達	욕 속 부 달

30

다음 문장을 예쁘게 써 보세요.

급하면 바늘허리

에 실 매어 쓸까

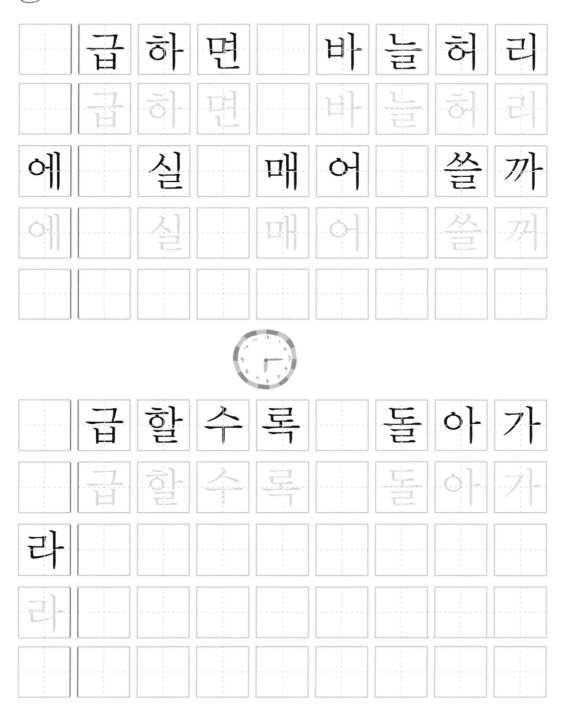

급할수록 돌아가

라

31

뜻을 생각하며 읽어 보세요.

김칫국부터 마신다

: 남의 속도 모르고 지레짐작으로 그렇게 될 것을 믿고 행동하는 것을 이르는 말.

비슷한 고사성어

輕擧妄動(경거망동)_경솔하고 망령되게 행동한다는 뜻으로, 깊이 생각해 보지도 않고, 경솔하게 함부로 행동한다는 말.

輕 擧 妄 動	경 거 망 동
輕 擧 妄 動	경 거 망 동

까마귀 날자 배 떨어진다

: 별 뜻 없이 한 일이 다른 일과 공교롭게도 때가 맞아, 무슨 관계가 있는 것처럼 의심을 받게 되는 경우를 비유하는 말.

비슷한 고사성어

烏飛梨落(오비이락)_까마귀 날자 배 떨어진다는 뜻으로, 일이 공교롭게 동시에 일어나 남에게 의심을 받게 된다는 말.

烏 飛 梨 落	오 비 이 락
烏 飛 梨 落	오 비 이 락

다음 문장을 예쁘게 써 보세요.

	김	칫	국	부	터		마
	김	칫	국	부	터		마
신	다						
신	다						

	까	마	귀		날	자	
	까	마	귀		날	자	
배		떨	어	진	다		
배		떨	어	진	다		

뜻을 생각하며 읽어 보세요.

꼬리가 길면 밟힌다

: 나쁜 짓을 오랫동안 계속하면 결국 들키고 만다는 말.

비슷한 고사성어

轡長必踐(비장필천)_고삐가 길면 밟힌다는 뜻으로, 아무리 남몰래 하는 일이라도 오래 계속하면 들키고 만다는 말.

轡 長 必 踐	비 장 필 천

轡 長 必 踐	비 장 필 천

꿈보다 해몽이 좋다

: 어떤 꿈이든 해몽만 잘 하면 그만이라는 말이니 사실은 그렇지 못하나 해석이 그럴싸하다는 말.

비슷한 고사성어

耳懸鈴鼻懸鈴(이현령비현령)_귀에 걸면 귀걸이 코에 걸면 코걸이라는 뜻, 어떤 사실이 이렇게도 저렇게도 해석될 수 있다는 말.

耳 懸 鈴 鼻 懸 鈴	이 현 령 비 현 령

耳 懸 鈴 鼻 懸 鈴	이 현 령 비 현 령

다음 문장을 예쁘게 써 보세요.

꼬 리 가 　 길 면

밟 힌 다

꿈 보 다 　 해 몽 이 ✓

좋 다

스도쿠 1

 SUDOKU

5	4	8	9	6	3	1		2
3	2	6	7		1	8	4	
	1	7	2	8	4	5	3	
	8		1	3	2	4	5	7
1	3	5		7	6	2		8
4	7	2			8	3	6	1
7	9	3	8	1		6	2	4
2	5	1	6	4		9	8	3
8		4	3	2			1	5

DATE:

TIME:

미로 찾기 1

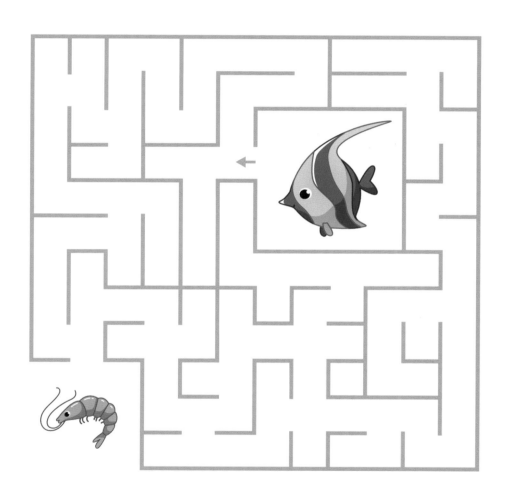

뜻을 생각하며 읽어 보세요.

나 먹자니 싫고, 남 주자니 아깝다

: 자기에게는 소용이 없으면서도 남 주기는 싫어하는 인색한 것을 이르는 말.

비슷한 고사성어

吳厭食與犬惜(오염식여견석)_나 먹기는 싫고 개 주자니 아깝 다는 뜻으로, 자기에게는 필요하지 않아도 남 주기는 꺼리는 인색한 것을 이르는 말.

| 吳厭食與犬惜 | 오염식여견석 |

| 吳厭食與犬惜 | 오염식여견석 |

. . . .

남의 떡이 커 보인다

: 자기 것보다 남의 것이 더 많아 보이거나 좋아 보이는 것을 이르는 말.

비슷한 고사성어

貴鵠賤鷄(귀곡천계)_고니를 귀하게 여기고 닭을 천하게 여긴다 는 뜻. 가까운 것을 천하게 여기고 먼 데 것을 귀하게 여긴다는 말.

| 貴 鵠 賤 鷄 | 귀 곡 천 계 |

| 貴 鵠 賤 鷄 | 귀 곡 천 계 |

다음 문장을 예쁘게 써 보세요.

	나		떡	자	니		싫	고	
	나		떡	자	니		싫	고	
남		주	자	니		아	깝	다	
남		주	자	니		아	깝	다	

....

	남	의		떡	이		커		보
	남	의		떡	이		커		보
인	다								
인	다								

남의 장단에 춤춘다

: 전혀 상관없는 남의 일에 즐거워하고 흥거워하는 분별력 없는 사람이라는 말.

비슷한 고사성어

亦步易趨(역보역추)_남이 걸으면 나도 걷고, 남이 뛰면 나도 뛴다는 뜻으로, 일일이 남이 하는 그대로 따라 하는 것을 이르는 말.

亦 步 易 趨	역 보 역 추
亦 步 易 趨	역 보 역 추

남의 제사에 감 놓아라 배 놓아라 한다

: 쓸데없이 남의 일에 참견하는 것을 이르는 말.

비슷한 고사성어

他人之宴曰梨曰柿(타인지연왈이왈시)_남의 제사에 감 놓아라 배 놓아라 한다는 뜻으로, 쓸데없이 자격도 없이 남의 일에 참견한다는 말.

他人之宴曰梨曰柿 타인지연왈이왈시
他人之宴曰梨曰柿 타인지연왈이왈시

40

다음 문장을 예쁘게 써 보세요.

남의 장단에 춤춘다

남의 제사에 감 놓아라 배 놓아라 한다

낫 놓고 기역자도 모른다

: 기역자 모양으로 생긴 낫을 보면서도 기역자를 모른다는 뜻으로, 아주 무식하다는 말.

비슷한 고사성어

魚魯不辨(어로불변)_어(魚) 자와 노(魯) 자를 분간하지 못한다는 뜻, 무식하고 사리 분별을 못하는 어리석은 사람을 이르는 말.

魚 魯 不 辨	어 로 불 변
魚 魯 不 辨	어 로 불 변

내 코가 석 자다

: 자기 일도 막막한 처지라, 남의 고통이나 슬픔을 돌볼 겨를이 없음을 이르는 말.

비슷한 고사성어

吾鼻三尺(오비삼척)_내 코가 석 자라는 뜻으로, 내 일도 감당하기 어려운데 남의 사정을 돌아볼 여지가 없다는 말.

吾 鼻 三 尺	오 비 삼 척
吾 鼻 三 尺	오 비 삼 척

다음 문장을 예쁘게 써 보세요.

	낫		놓	고		기	역
	낫		놓	고		기	역
자	도		모	른	다		
자	도		모	른	다		

. . . .

	내		코	가		석	
	내		코	가		석	
자	다						
자	다						

43

누울 자리 봐 가며 발을 뻗어라

: 시간과 장소, 가능성 등을 가려서 행동해야 한다는 말.

비슷한 고사성어

量吳被置吳足(양오피치오족)_누울 자리 봐 가며 발을 뻗는다
는 뜻, 어떤 일이든 사전에 계획을 잘 세워서 착수해야 된다는 말.

量吳被置吳足	양오피치오족

量吳被置吳足	양오피치오족

늦게 배운 도둑이 날 새는 줄 모른다

: 뒤늦게 시작한 일에 재미를 붙여 더욱 열중하게 되는 것을 이르는 말.

비슷한 고사성어

無我陶醉(무아도취)_즐기거나 좋아하는 것에 정신이 쏠려서 취
하다시피 되어 자기 자신을 잊어버리고 있는 상태를 이르는 말.

無 我 陶 醉	무 아 도 취

無 我 陶 醉	무 아 도 취

다음 문장을 예쁘게 써 보세요.

| | 누 | 울 | | 자 | 리 | | 봐 | | 가 | 며 | ✓ |
| | 누 | 울 | | 자 | 리 | | 봐 | | 가 | 며 | |

발	을		뻗	어	라						
발	을		뻗	어	라						

| | 늦 | 게 | | 배 | 운 | | 도 | 둑 | 이 |
| | 늦 | 게 | | 배 | 운 | | 도 | 둑 | 이 |

날		새	는		줄		모	른	다
날		새	는		줄		모	른	다

달면 삼키고 쓰면 뱉는다

: 의리나 지조를 돌보지 않고 이익만을 꾀한다는 말.

비슷한 고사성어

甘呑苦吐(감탄고토)_달면 삼키고 쓰면 뱉는다는 뜻으로, 사리의 옳고 그름에 관계없이 제 비위에 맞으면 좋아하고 안 맞으면 싫어한 다는 말.

甘 呑 苦 吐	감 탄 고 토
甘 呑 苦 吐	감 탄 고 토

닭의 볏이 될지언정 소의 꼬리는 되지 마라

: 큰 것의 꼬리가 되는 것보다 작은 것의 우두머리가 되라는 말.

비슷한 고사성어

鷄口牛後(계구우후)_소 꼬리보다는 닭의 부리가 되라는 뜻으로, 큰 단체의 꼴찌보다는 작은 단체의 우두머리가 되는 편이 낫다는 말.

鷄 口 牛 後	계 구 우 후
鷄 口 牛 後	계 구 우 후

다음 문장을 예쁘게 써 보세요.

	달	면		삼	키	고		쓰	면		뱉
	달	면		삼	키	고		쓰	면		뱉
는	다										
는	다										

	닭	의		볏	이		될	지	언	정	
	닭	의		볏	이		될	지	언	정	
소	의		꼬	리	는		되	지		마	라
소	의		꼬	리	는		되	지		마	라

도둑이 제 발 저리다

: 죄를 지은 이가 두려움 때문에 스스로 약점을 드러낸다는 말.

비슷한 고사성어

戰戰兢兢(전전긍긍)_몸을 움츠리고 벌벌 떠는 모양이라는 뜻으로, 죄를 짓거나 잘못을 저지르고 적발 당할까 봐 쩔쩔매는 것을 이르는 말.

戰 戰 兢 兢	전 전 긍 긍
戰 戰 兢 兢	전 전 긍 긍

도랑 치고 가재 잡는다

: 한 번의 노력으로 두 가지 소득을 본다는 말.

비슷한 고사성어

一擧兩得(일거양득)_한 번 들어 둘을 얻는다는 뜻으로, 한 가지 일을 하여 두 가지 이익을 거둔다는 말.

一 擧 兩 得	일 거 양 득
一 擧 兩 得	일 거 양 득

다음 문장을 예쁘게 써 보세요.

도둑이 제 발

저리다

···········

도랑 치고 가

재 잡는다

돌다리도 두들겨 보고 건너라

: 무슨 일이든 세심한 주의를 기울이며 하라는 말.

비슷한 고사성어

小心翼翼(소심익익)_세심하게 마음을 써서 삼간다는 뜻으로, 조 그만 일에까지 대단히 조심하고 생각한다는 말.

되로 주고 말로 받는다

: 조금 주고 많은 대가를 얻는다는 말.

비슷한 고사성어

問一得三(문일득삼)_물어본 것은 적어도 얻은 대답은 많다는 뜻 으로, 적은 노력으로 많은 이익을 얻었을 때 쓰는 말.

다음 문장을 예쁘게 써 보세요.

	돌	다	리	도		두	들
	돌	다	리	도		두	들
겨		보	고		건	너	라
겨		보	고		건	너	라

. . . .

	되	로		주	고		말
	되	로		주	고		말
로		받	는	다			
로		받	는	다			

될성부른 나무는 떡잎부터 알아본다

: 발전할 가능성이 많은 사람은 어릴 때부터 남다른 데가 있다는 말.

비슷한 고사성어

群鷄一鶴(군계일학)_닭의 무리 속에 있는 한 마리의 학이라는 뜻으로, 평범한 여러 사람 가운데 뛰어난 한 사람을 이르는 말.

群 鷄 一 鶴	군 계 일 학
群 鷄 一 鶴	군 계 일 학

두 손뼉이 마주쳐야 소리가 난다

: 무슨 일이든 두 편에서 서로 맞받아 응해야 이루어질 수 있다는 말.

비슷한 고사성어

孤掌難鳴(고장난명)_한쪽 손바닥으로는 소리를 내지 못한다는 뜻으로, 혼자만으로는 일을 이루지 못하거나 맞서는 사람이 없으면 싸움이 되지 않는다는 말.

孤 掌 難 鳴	고 장 난 명
孤 掌 難 鳴	고 장 난 명

다음 문장을 예쁘게 써 보세요.

	될	성	부	른		나	무	는	✓
떡	잎	부	터		알	아	본	다	

	두		손	뼉	이		마	주	
쳐	야		소	리	가		난	다	

뒤로 호박씨 깐다

: 얌전한 체하면서 은밀히 온갖 짓을 다 한다는 말.

비슷한 고사성어

面從後言(면종후언)_앞에서는 복종하는 체하면서 뒤에서 이러 쿵저러쿵 말을 한다는 뜻으로, 뒤돌아서서 안 보이는 곳에서는 비방하고 욕설을 한다는 말.

面 從 後 言	면 종 후 언
面 從 後 言	면 종 후 언

떡 본 김에 제사 지낸다

: 좋은 기회가 왔을 때 벼르던 일을 해치운다는 말.

비슷한 고사성어

弓的相適(궁적상적)_활과 과녁이 서로 맞는다는 뜻으로, 하려는 일과 좀처럼 얻기 어려운 기회가 딱 맞는다는 말.

弓 的 相 適	궁 적 상 적
弓 的 相 適	궁 적 상 적

다음 문장을 예쁘게 써 보세요.

	뒤	로		호	박	씨		깐
	뒤	로		호	박	씨		깐
다								
다								

	떡		본		김	에		제
	떡		본		김	에		제
사		지	낸	다				
사		지	낸	다				

뜻을 생각하며 읽어 보세요.

마른 하늘에 날벼락

: 뜻밖에 당하는 재앙을 비유하는 말.

비슷한 고사성어

靑天霹靂(청천벽력)_맑게 갠 하늘에서 치는 벼락이라는 뜻으로, 예기치 않게 일어난 곤란이나 걱정, 또는 큰 사고를 일컫는 말.

靑 天 霹 靂	청 천 벽 력
靑 天 霹 靂	청 천 벽 력

말에도 뼈가 있다

: 예사로운 말 같지만 그 속에 또 다른 뜻이 들어 있다는 말.

비슷한 고사성어

言中有骨(언중유골)_말 가운데 뼈가 들어 있다는 뜻으로, 예사로운 말 같으나 그 속에 단단한 속뜻이 들어 있다는 말.

言 中 有 骨	언 중 유 골
言 中 有 骨	언 중 유 골

다음 문장을 예쁘게 써 보세요.

마른 하늘에
날벼락

말에도 뼈가
있다

뜻을 생각하며 읽어 보세요.

말 한마디로 천 냥 빚도 갚는다

: 말만 잘하면 어떤 어려움도 해결할 수 있다는 말.

비슷한 고사성어

寸鐵殺人(촌철살인)_한 치의 쇠붙이로도 살인한다는 뜻으로, 간단한 말로도 남을 감동시키거나 사물의 급소를 찌를 수 있다는 말.

寸 鐵 殺 人	촌 철 살 인
寸 鐵 殺 人	촌 철 살 인

모르는 것이 약이다

: 아무것도 모르고 있는 것이 차라리 마음이 편하여 좋다는 말.

비슷한 고사성어

聞則疾不聞藥(문즉질불문약)_알면 병이 되고 모르면 약이 된다는 뜻으로, 해롭거나 이롭지 않은 말은 듣지 않는 것이 좋다는 말.

聞 則 疾 不 聞 藥	문 즉 질 불 문 약
聞 則 疾 不 聞 藥	문 즉 질 불 문 약

다음 문장을 예쁘게 써 보세요.

말　한마디로　천

말　한마디로　천

냥　빚도　갚는다

냥　빚도　갚는다

....

모르는　것이　약

모르는　것이　약

이다

이다

목마른 놈이 우물 판다

: 꼭 필요로 하는 사람이 먼저 서둘러 시작한다는 말.

비슷한 고사성어

臨渴掘井(임갈굴정)_목이 마를 때에야 비로소 우물을 판다는 뜻으로, 사전에 준비 없이 있다가 일을 당하고 나서야 황급히 서두르는 것을 이르는 말.

臨 渴 掘 井	임 갈 굴 정
臨 渴 掘 井	임 갈 굴 정

· · · · · · · · · · · ·

못된 송아지 엉덩이에 뿔이 난다

: 사람답지 못한 사람이 교만한 짓을 한다는 말.

비슷한 고사성어

眼下無人(안하무인)_눈 아래에 사람이 없다는 뜻으로, 사람됨이 방자하고 교만하여 남을 업신여기며 깔본다는 말.

眼 下 無 人	안 하 무 인
眼 下 無 人	안 하 무 인

🐱 다음 문장을 예쁘게 써 보세요.

	목	마	른		놈	이		우
물		판	다					

| | 못 | 된 | | 송 | 아 | 지 | | 엉 |
| 덩 | 이 | 에 | | 뿔 | 이 | | 난 | 다 |

무는 개는 짖지 않는다

: 무서운 사람일수록 말이 없다는 말.

비슷한 고사성어

噬犬不露齒(서견불로치)_물어뜯는 개는 이를 드러내지 않는다는 뜻으로, 남을 해치려는 자는 먼저 부드러운 태도로 상대방을 속인다는 말.

噬犬不露齒　서견불로치

噬犬不露齒　서견불로치

미꾸라지 한 마리가 온 웅덩이를 흐려 놓는다

: 한 사람이 좋지 못한 짓을 하여 여러 사람이 해를 입게 된다는 말.

비슷한 고사성어

一魚濁水(일어탁수)_미꾸라지 한 마리가 온 개천을 흐린다는 뜻으로, 못된 한 사람이 온 집안이나 사회를 망쳐 놓는다는 말.

一魚濁水　일어탁수

一魚濁水　일어탁수

다음 문장을 예쁘게 써 보세요.

	무	는		개	는		짓	지		않	는
	무	는		개	는		짓	지		않	는
다											
다											

	미	꾸	라	지		한		마	리	가	
	미	꾸	라	지		한		마	리	가	
온		웅	덩	이	를		흐	려		놓	는
온		웅	덩	이	를		흐	려		놓	는
다											
다											

스도쿠 2

 SUDOKU

3		5	6	8	4	2	7	9
2		4	1	5	7	8	6	3
6	8	7	3			4		1
1	6	8	9	7	5	3	2	4
	7	3	2		8			
5	2	9	4	1	3	6	8	7
8	3	6	5	4	1	7	9	
7	4	1	8	9	2	5	3	
9	5		7	3		1	4	8

DATE:

TIME:

미로 찾기 2

바늘로 찔러도 피 한 방울 안 난다

: 사람의 생김새가 단단하고 야무지게 보인다는 말.

비슷한 고사성어

鐵心石腸(철심석장)_쇠나 돌같이 굳고 단단한 마음이라는 뜻으로, 지조가 철석같이 견고하여 외부의 유혹에도 동요되지 않는 경지를 이르는 말.

鐵	心	石	腸	철	심	석	장
鐵	心	石	腸	철	심	석	장

바다는 메워도 사람의 욕심은 못 채운다

: 끝없이 채워지지 않는 것이 사람의 욕심이라는 말.

비슷한 고사성어

騎馬欲率奴(기마욕솔노)_말을 타면 종을 부리려 한다는 뜻으로, 인간의 욕심은 한도 끝도 없이 탐욕스러워서 만족할 줄 모른다는 말.

騎	馬	欲	率	奴	기	마	욕	솔	노
騎	馬	欲	率	奴	기	마	욕	솔	노

다음 문장을 예쁘게 써 보세요.

	바	늘	로		찔	러	도		피	
	바	늘	로		찔	러	도		피	
한		방	울		안		난	다		
한		방	울		안		난	다		

....

	바	다	는		메	워	도		사	람
	바	다	는		메	워	도		사	람
의		욕	심	은		못		채	운	다
의		욕	심	은		못		채	운	다

67

밤말은 쥐가 듣고 낮말은 새가 듣는다

: 몰래 한 말도 듣는 이가 있어 퍼져 나가고 시빗거리가 되기 쉬우니 삼가라는 말.

비슷한 고사성어

某也無知(모야무지)_이슥한 밤중이라서 보고 듣는 사람이 없다는 뜻으로, 뇌물이나 선물을 몰래 주는 것을 일컫는 말.

某	也	無	知	모	야	무	지
某	也	無	知	모	야	무	지

밤새도록 울다가 누가 죽었느냐고 한다

: 무슨 영문인지도 모르고 그 일에 참여하고 있는 어리석음을 이르는 말.

비슷한 고사성어

吠形吠聲(폐형폐성)_개 한 마리가 형체를 보고 짖자 나머지 개들이 그 소리만 듣고 짖는다는 뜻으로, 무슨 영문인지도 모르고 덩달아서 이러쿵저러쿵 떠드는 것을 비유하는 말.

吠	形	吠	聲	폐	형	폐	성
吠	形	吠	聲	폐	형	폐	성

다음 문장을 예쁘게 써 보세요.

밤 말 은   쥐 가   듣 고

낮 말 은   새 가   듣 는 다

....

밤 새 도 록   울 다 가   누

가   죽 었 느 냐 고   한 다

백번 듣는 것이 한번 보는 것만 못하다

: 여러 번 말로만 듣는 것보다 실제로 한번 보는 것이 더 낫다는 말.

비슷한 고사성어

百聞不如一見(백문불여일견)_여러 번 말로만 듣는 것보다 실제로 한번 보는 것이 낫다는 뜻으로, 실제에 접근해서 직접 조사하고 연구하는 자세를 강조해서 이르는 말.

百聞不如一見　백문불여일견

百聞不如一見　백문불여일견

백지장도 맞들면 낫다

: 아무리 쉬운 일이라도 혼자 하는 것보다 서로 힘을 합쳐서 하면 더 쉽다는 말.

비슷한 고사성어

十匙一飯(십시일반)_열 명이 밥 한 술씩만 보태도 한 그릇이 된다는 뜻으로, 여럿이 힘을 합하면 한 사람쯤은 구제하기 쉽다는 말.

十匙一飯　십시일반

十匙一飯　십시일반

다음 문장을 예쁘게 써 보세요.

백 번 | 듣는 | 것이 | 한번 ✓

보는 | 것만 | 못하다

백 지 장 도 | 맞 들 면 | 낫 다

뜻을 생각하며 읽어 보세요.

뱁새가 황새를 따라가면 다리가 찢어진다

: 남이 한다고 덩달아 제 힘에 겨운 일을 하면 도리어 큰 화를 당하게 된다는 말.

비슷한 고사성어

雀學鸛步(작학관보)_참새가 황새걸음을 배운다는 뜻으로, 자기 능력에 맞지 않게 억지로 남을 모방해서 일을 한다는 말.

雀	學	鸛	步	작	학	관	보
雀	學	鸛	步	작	학	관	보

법은 멀고 주먹은 가깝다

: 분한 일이 있을 때 법으로 처리하는 것은 나중 문제요 당장에 주먹이 앞선다는 말.

비슷한 고사성어

法遠拳近(법원권근)_법은 멀고 주먹은 가깝다는 뜻으로, 일이 급박할 때는 이성보다도 완력에 호소하게 되기 쉽다는 말.

法	遠	拳	近	법	원	권	근
法	遠	拳	近	법	원	권	근

다음 문장을 예쁘게 써 보세요.

	뱁	새	가		황	새	를		따	라
	뱁	새	가		황	새	를		따	라
가	면		다	리	가		찢	어	진	다
가	면		다	리	가		찢	어	진	다

	법	은		멀	고		주	먹	은	
	법	은		멀	고		주	먹	은	
가	깝	다								
가	깝	다								

73

뜻을 생각하며 읽어 보세요.

벼룩도 낯짝이 있다

: 몹시 뻔뻔한 사람을 이르는 말.

비슷한 고사성어

强顔(강안)_얼굴이 너무 두꺼워서 부끄러움을 모른다는 뜻으로, 너무 뻔뻔해서 염치를 모르는 사람을 이르는 말.

强 顔	강 안
强 顔	강 안

불난 집에 부채질한다

: 곤경에 처한 사람을 곁에서 더 화나게 부추긴다는 말.

비슷한 고사성어

救火投薪(구화투신)_불을 끈다고 하면서 장작을 더 던진다는 뜻으로, 폐해를 없앤다고 한 짓이 오히려 폐해를 더욱 조장한다는 말.

救 火 投 薪	구 화 투 신
救 火 投 薪	구 화 투 신

다음 문장을 예쁘게 써 보세요.

	벼	룩	도		낯	짝	이	✓
	벼	룩	도		낯	짝	이	

있	다						
있	다						

....

	불	난		집	에		부
	불	난		집	에		부

채	질	한	다				
채	질	한	다				

사공이 많으면 배가 산으로 간다

: 책임지고 맡아서 하는 사람이 없이 저마다 이러니저러니 하면 일이 제대로 되지 않는다는 말.

비슷한 고사성어

陸地行船(육지행선)_육지에서 배를 저으려 한다는 뜻으로, 되지도 않는 일을 억지로 하려고 하는 것을 이르는 말.

陸	地	行	船	육	지	행	선
陸	地	行	船	육	지	행	선

· · · · · · · · · · · ·

소 잃고 외양간 고친다

: 이미 일을 그르친 뒤에는 뉘우쳐도 아무 소용이 없다는 말.

비슷한 고사성어

死後藥方文(사후약방문)_죽은 뒤에 약 처방이라는 뜻으로, 이미 때가 지난 후에 계책을 세우거나 후회해도 소용없다는 말.

死	後	藥	方	文	사	후	약	방	문
死	後	藥	方	文	사	후	약	방	문

다음 문장을 예쁘게 써 보세요.

	사	공	이		많	으	면	
	사	공	이		많	으	면	
배	가		산	으	로		간	다
배	가		산	으	로		간	다

....

	소		잃	고		외	양	간 ✓
	소		잃	고		외	양	간
고	친	다						
고	친	다						

쇠뿔도 단김에 빼랬다

: 어떤 일을 실행하려고 결심했으면 망설이지 말고 곧바로 행동으로 옮기라는 말.

비슷한 고사성어

一刀兩斷(일도양단)_칼로 쳐서 단번에 두 동강이를 낸다는 뜻으로, 어떤 일을 머뭇거리지 않고 선뜻 결정한다는 말.

一 刀 兩 斷	일 도 양 단
一 刀 兩 斷	일 도 양 단

신선놀음에 도낏자루 썩는 줄 모른다

: 재미있는 일에 정신이 팔려서 시간 가는 줄도 모르고 있다가 정작 중요한 일을 잊어버리고 있을 때를 이르는 말.

비슷한 고사성어

春眠不覺曉(춘면불각효)_봄잠에 취해 새벽이 오는 줄도 몰랐다는 뜻으로, 좋은 분위기에 젖어 시간이 가는 줄도 모른다는 말.

春 眠 不 覺 曉	춘 면 불 각 효
春 眠 不 覺 曉	춘 면 불 각 효

다음 문장을 예쁘게 써 보세요.

쇠뿔도 단김에 빼

랬다

신선놀음에 도낏자

루 썪는 줄 모른다

안되는 놈은 뒤로 넘어져도 코가 깨진다

: 운수 사나운 사람은 무슨 일을 하여도 되는 일이 없다는 말.

비슷한 고사성어

窮人謀事(궁인모사)_운수가 궁한 사람이 꾸미는 일은 실패한다
는 뜻으로, 일이 뜻대로 이루어지지 않고 자꾸만 꼬여 간다는 말.

窮 人 謀 事	궁 인 모 사
窮 人 謀 事	궁 인 모 사

앞길이 구만리 같다

: 젊으니까 앞으로 큰일을 해낼 세월이 충분하다는 말.

비슷한 고사성어

鵬程萬里(붕정만리)_훤히 펼쳐진 긴 앞길이란 뜻으로, 보통 사람
은 감히 생각도 못하는 원대한 희망이나 큰 상업 계획을 이르는 말.

鵬 程 萬 里	붕 정 만 리
鵬 程 萬 里	붕 정 만 리

다음 문장을 예쁘게 써 보세요.

안 되는 놈은 뒤로

넘어져도 코가 깨진다

앞길이 구만리 같다

엎어진 김에 쉬어 간다

: 뜻하지 않던 기회를 이용하여 하려던 일을 이룬다는 말.

비슷한 고사성어

弓的相適(궁적상적)_활과 과녁이 서로 맞는다는 뜻으로, 하려는 일과 좀처럼 얻기 어려운 기회가 딱 맞는다는 말.

弓 的 相 適	궁 적 상 적
弓 的 相 適	궁 적 상 적

열 번 찍어 안 넘어가는 나무 없다

: 실패를 무릅쓰고 되풀이해서 노력하면 끝내 이루어진다는 말.

비슷한 고사성어

十伐之木(십벌지목)_아무리 심지가 굳은 사람이라도 여러 번 말을 하면 결국은 마음을 돌려 따르게 된다는 말.

十 伐 之 木	십 벌 지 목
十 伐 之 木	십 벌 지 목

다음 문장을 예쁘게 써 보세요.

	엎	어	진		김	에		쉬	어	
	엎	어	진		김	에		쉬	어	

간	다									
간	다									

	열		번		찍	어		안		넘
	열		번		찍	어		안		넘

어	가	는		나	무		없	다		
어	가	는		나	무		없	다		

뜻을 생각하며 읽어 보세요.

오르지 못할 나무는 쳐다보지도 마라

: 가능성이 없는 일은 처음부터 단념하고 바라지도 말라는 말.

비슷한 고사성어

難上之木勿仰(난상지목물앙)_못 오를 나무는 쳐다보지도 말라는 뜻으로, 불가능한 일은 하지도 말고 기대하지도 말라는 말.

| 難上之木勿仰 | 난상지목물앙 |

| 難上之木勿仰 | 난상지목물앙 |

. . . .

운수가 사나우면 짖던 개도 안 짖는다

: 운수가 나쁘면 예사로운 일도 제대로 안 된다는 말.

비슷한 고사성어

窮人謀事(궁인모사)_운수가 궁한 사람이 꾸미는 일은 실패한다는 뜻으로, 일이 뜻대로 이루어지지 않고 자꾸만 꼬여 간다는 말.

| 窮人謀事 | 궁인모사 |

| 窮人謀事 | 궁인모사 |

다음 문장을 예쁘게 써 보세요.

	오	르	지		못	할		나	무	는	✓
	오	르	지		못	할		나	무	는	
쳐	다	보	지	도		마	라				
쳐	다	보	지	도		마	라				

	운	수	가		사	나	우	면		짖
	운	수	가		사	나	우	면		짖
던		개	도		안		짖	는	다	
던		개	도		안		짖	는	다	

뜻을 생각하며 읽어 보세요.

원수는 외나무다리에서 만난다

: 남에게 원한을 사면 피할 수 없는 곳에서 공교롭게 만나게 된다는 말.

비슷한 고사성어

獨木橋冤家遭(독목교원가조)_원수는 외나무다리에서 만난다
는 뜻으로, 회피할 수 없는 경우나 일이 나쁜 형태로 공교롭게 마주
치는 것을 이르는 말.

獨木橋冤家遭	독목교원가조
獨木橋冤家遭	독목교원가조

· · · · · · · · · · · ·

있을 때 아껴야지 없으면 아낄 것도 없다

: 경제적으로 넉넉해지면 낭비하게 되므로 이를 경계하는 말.

비슷한 고사성어

暴殄天物(포진천물)_만물을 함부로 다 써버린다는 뜻으로, 아까
운 줄 모르고 마구 써 버리거나 아껴 쓰지 않고 함부로 버린다는 말.

暴殄天物	포진천물
暴殄天物	포진천물

다음 문장을 예쁘게 써 보세요.

원수는　외나무다리에서 ✓
원수는　외나무다리에서

만난다
만난다

있을　때　아껴야지　없
있을　때　아껴야지　없

으면　아낄　것도　없다
으면　아낄　것도　없다

뜻을 생각하며 읽어 보세요.

윗물이 맑아야 아랫물이 맑다

: 윗사람의 행실이 깨끗해야 아랫사람의 행실도 윗사람을 본받아 깨끗해진다는 말.

비슷한 고사성어

上濁下不淨(상탁하부정)_윗물이 흐리면 아랫물도 깨끗하지 않다는 뜻으로, 윗사람이 부패하면 아랫사람도 부패하다는 말.

上濁下不淨　상탁하부정

上濁下不淨　상탁하부정

은혜를 원수로 갚는다

: 감사로써 은혜에 보답해야 할 자리에 도리어 해를 끼친다는 말.

비슷한 고사성어

背恩忘德(배은망덕)_은혜를 배신하고 베풀어준 덕을 잊는다는 뜻으로, 베풀어준 은혜에 보답은커녕 은혜를 원수로 갚는 것을 이르는 말.

背恩忘德　배은망덕

背恩忘德　배은망덕

다음 문장을 예쁘게 써 보세요.

	윗	물	이		맑	아	야	∨
	윗	물	이		맑	아	야	
아	랫	물	이		맑	다		
아	랫	물	이		맑	다		

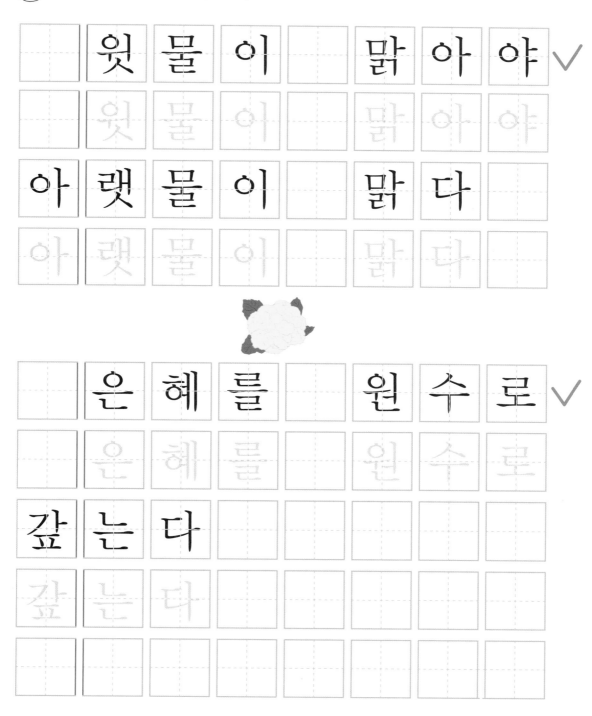

	은	혜	를		원	수	로	∨
	은	혜	를		원	수	로	
갚	는	다						
갚	는	다						

뜻을 생각하며 읽어 보세요.

음지가 양지 되고 양지가 음지 된다

: 어려운 처지에 있던 사람도 때가 되면 행운을 만날 수 있다는 말.

비슷한 고사성어

枯木生花(고목생화)_고목에서 꽃이 핀다는 뜻으로, 불우했던 사람이 뜻밖의 행운을 만난 것을 신기하게 여겨 하는 말.

枯 木 生 花	고 목 생 화
枯 木 生 花	고 목 생 화

입은 비뚤어져도 말은 바로 해라

: 언제든지 말은 정직하게 해야 한다는 말.

비슷한 고사성어

口雖喎直吹螺(구수괘직취라)_입은 비뚤어졌으나 소라는 바로 불라는 뜻으로, 거짓이나 꾸밈 없이 말은 바른대로 하라는 말.

口 雖 喎 直 吹 螺	구 수 괘 직 취 라
口 雖 喎 直 吹 螺	구 수 괘 직 취 라

다음 문장을 예쁘게 써 보세요.

음지가 양지 되고 ✓

양지가 음지 된다

....

입은 비뚤어져도

말은 바로 해라

스도쿠 3

 SUDOKU

5	8	9	6	4	7		3	2
6	3	2	9		5		7	8
4			8	3	2	6	9	5
9	5	7	2	6		8	1	3
1	2	3		7	8	9		6
	4	6	1	9	3	5	2	7
7	6	8	4	2		3	5	1
3	1	4	7	5		2	8	9
2		5	3	8		7	6	

DATE:

TIME:

미로 찾기 3

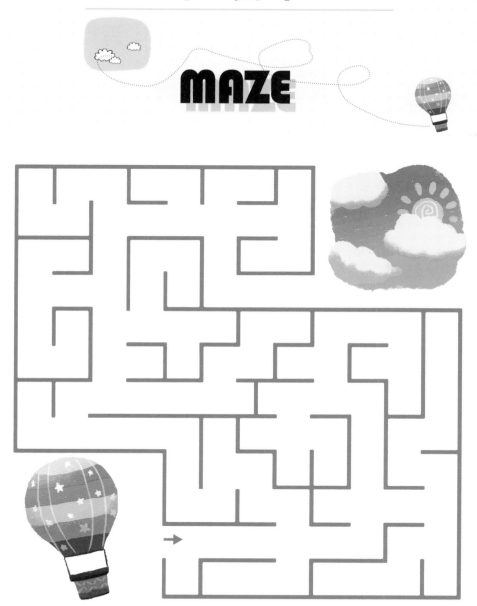

자라 보고 놀란 가슴 솥뚜껑 보고 놀란다

: 무엇에 놀라면 그와 비슷한 것만 보아도 겁이 난다는 말.

비슷한 고사성어

嗚牛喘月(오우천월)_오나라의 물소는 달만 봐도 헐떡인다는 뜻
으로, 자라 보고 놀란 가슴 솥뚜껑 보고도 놀란다는 속담과 통하는 말.

嗚 牛 喘 月	오 우 천 월
嗚 牛 喘 月	오 우 천 월

자식을 길러 봐야 부모 은공을 안다

: 부모의 입장이 되어 봐야 비로소 부모님의 길러 준 은공을 헤아릴 수 있다는 말.

비슷한 고사성어

易地思之(역지사지)_처지를 바꾸어서 생각한다는 뜻으로, 입장
을 서로 바꾸어 상대편의 처지에서 생각해 본다는 말.

易 地 思 之	역 지 사 지
易 地 思 之	역 지 사 지

다음 문장을 예쁘게 써 보세요.

자라 보고 놀란 가슴 ✓

솥뚜껑 보고 놀란다

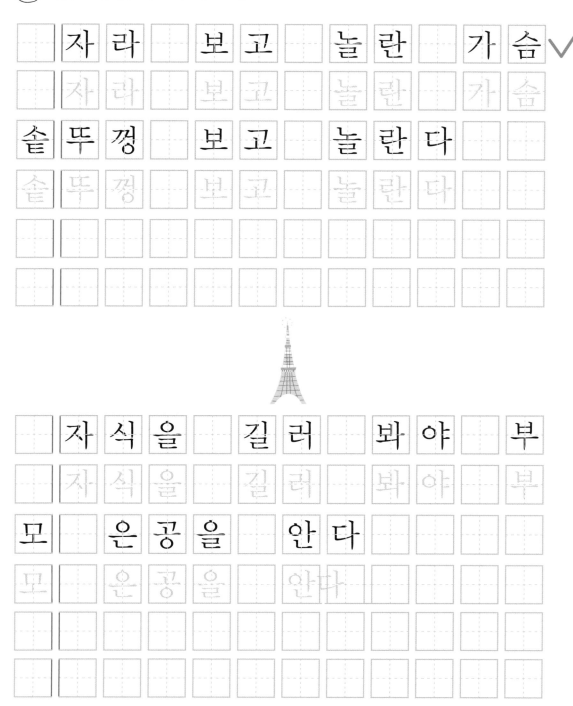

자식을 길러 봐야 부

모 은공을 안다

제 버릇 개 못 준다

: 한 번 물든 나쁜 버릇은 여간해서는 고치기 어렵다는 말.

비슷한 고사성어

未能免俗(미능면속)_여전히 속물스런 습관에 빠져 있다는 뜻으로, 한 번 물든 비속한 기운은 씻어 내기 어렵다는 말.

未 能 免 俗　미 능 면 속

未 能 免 俗　미 능 면 속

. . . .

종로에서 뺨 맞고 한강에 가서 눈 흘긴다

: 욕을 당한 자리에서는 아무 말도 못하고, 엉뚱한 데 가서 화풀이를 한다는 말.

비슷한 고사성어

怒甲移乙(노갑이을)_갑에게서 당한 노여움을 을에게로 옮긴다는 뜻으로, 어떤 사람에게 당한 분함을 애매한 사람에게 화풀이한다는 말.

怒 甲 移 乙　노 갑 이 을

怒 甲 移 乙　노 갑 이 을

다음 문장을 예쁘게 써 보세요.

	제		버	릇		개		못		준
	제		버	릇		개		못		준
다										
다										

	종	로	에	서		뺨		맞	고	
	종	로	에	서		뺨		맞	고	
한	강	에		가	서		눈		흘	긴
한	강	에		가	서		눈		흘	긴
다										
다										

뜻을 생각하며 읽어 보세요.

좋은 약은 입에 쓰다

: 듣기 싫고 거슬리는 말이 오히려 자기에게 도움이 된다는 말.

비슷한 고사성어

良藥苦口利於病(양약고구이어병)_몸에 좋은 약은 입에 쓰다는 뜻으로, 바르게 충고하는 말은 귀에 거슬리지만 자신을 이롭게 한다는 말.

良藥苦口利於病　양약고구이어병

良藥苦口利於病　양약고구이어병

죄는 지은 데로 가고 덕은 닦은 데로 간다

: 죄지은 사람은 벌을 받고, 덕을 닦은 사람은 복을 받게 된다는 말.

비슷한 고사성어

自業自得(자업자득)_자기가 저지른 일의 과보를 자기 자신이 받는다는 뜻으로, 일의 결과에 대해서는 스스로가 책임져야 한다는 말.

自業自得　자업자득

自業自得　자업자득

다음 문장을 예쁘게 써 보세요.

	좋	은		약	은		입	에		쓰
다										

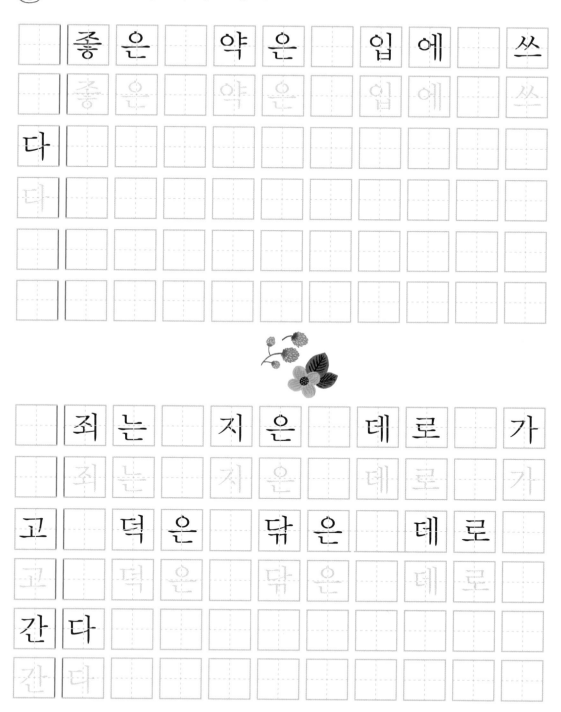

	죄	는		지	은		데	로		가
고		덕	은		닦	은		데	로	
간	다									

뜻을 생각하며 읽어 보세요.

죽 쑤어 개 좋은 일 하였다

: 애써 한 일이 남에게만 이로운 일을 한 결과가 되었다는 말.

비슷한 고사성어

盜糧(도량)_곡식을 훔친다는 뜻으로, 자신을 이롭게 하려고 했던 일이 오히려 경쟁 중에 있는 상대방을 돕는 결과를 빚을 때 쓰는 말.

盜 糧	도 량
盜 糧	도 량

집에서 새는 바가지는 들에 가도 샌다

: 천성이 나쁜 사람은 어디를 가나 그 성품을 감출 수 없다는 말.

비슷한 고사성어

匣劍帷燈(갑검유등)_칼의 날카로움과 등불의 밝음은 감출 수 없다는 뜻으로, 명확한 사실은 감출 수 없다는 말.

匣 劍 帷 燈	갑 검 유 등
匣 劍 帷 燈	갑 검 유 등

다음 문장을 예쁘게 써 보세요.

죽 쑤어 개 좋은

일 하였다

집에서 새는 바가지

들에 가도 샌다

콩 심은 데 콩 나고 팥 심은 데 팥 난다

: 모든 일은 원인에 따라 결과가 생긴다는 말.

비슷한 고사성어

種瓜得瓜(종과득과)_오이를 심으면 오이가 난다는 뜻으로, 원인이 있으면 결과가 있다는 말.

種 瓜 得 瓜	종 과 득 과
種 瓜 得 瓜	종 과 득 과

큰 방죽도 개미구멍으로 무너진다

: 사소한 일이라고 얕보다가는 큰 화를 입게 된다는 말.

비슷한 고사성어

堤潰蟻穴(제궤의혈)_개미구멍으로 말미암아 큰 둑이 무너진다는 뜻으로, '개미구멍에 공든 탑이 무너진다'는 속담과 비슷한 말.

堤 潰 蟻 穴	제 궤 의 혈
堤 潰 蟻 穴	제 궤 의 혈

다음 문장을 예쁘게 써 보세요.

	콩		심	은		데		콩		나	고
	콩		심	은		데		콩		나	고
팥		심	은		데		팥		난	다	
팥		심	은		데		팥		난	다	

	큰		방	죽	도		개	미	구	멍	으
	큰		방	죽	도		개	미	구	멍	으
로		무	너	진	다						
로		무	너	진	다						

뜻을 생각하며 읽어 보세요.

털어서 먼지 안 나는 사람 없다

: 누구나 결점을 찾으려고 뜯어보면, 허물이 하나도 없는 사람은 없다는 말.

비슷한 고사성어

刮佛本麻滓出(괄불본마재출)_부처도 밑을 긁으면 삼 오라기가 드러난다는 뜻으로, 누구나 잘못을 저지르거나 단점은 있다는 말.

刮佛本麻滓出	괄 불 본 마 재 출

刮佛本麻滓出	괄 불 본 마 재 출

토끼를 다 잡으면 사냥개를 잡는다

: 필요할 때는 잘 부려먹다가도, 쓸모없으면 쌓은 공도 무시하고 내친다는 말.

비슷한 고사성어

兎死狗烹(토사구팽)_토끼를 다 잡으면 사냥개를 삶는다는 뜻으로, 요긴한 때는 소중히 여기다가 쓸모없으면 천대하고 쉽게 버린다는 말.

兎死狗烹	토 사 구 팽

兎死狗烹	토 사 구 팽

다음 문장을 예쁘게 써 보세요.

| | 털 | 어 | 서 | | 먼 | 지 | | 안 | |
| 나 | 는 | | 사 | 람 | | 없 | 다 | | |

| | 토 | 끼 | 를 | | 다 | | 잡 | 으 | 면 ✓ |
| 사 | 냥 | 개 | 를 | | 잡 | 는 | 다 | | |

뜻을 생각하며 읽어 보세요.

팥으로 메주를 쑨대도 곧이듣는다

: 남의 말을 너무 곧이듣고 잘 믿는다는 말.

비슷한 고사성어

言聽計用(언청계용)_이야기하면 들어주고 계책을 세우면 쓴다는 뜻으로, 깊이 믿어 하자는 대로 다 한다는 말.

言 聽 計 用	언 청 계 용
言 聽 計 用	언 청 계 용

평안 감사도 저 싫으면 그만이다

: 아무리 좋은 일이라도 저 하기 싫으면 억지로 시킬 수 없다는 말.

비슷한 고사성어

自行自止(자행자지)_스스로 행하고 스스로 그친다는 뜻으로, 제 마음대로 하고 싶으면 하고, 하기 싫으면 안 한다는 말.

自 行 自 止	자 행 자 지
自 行 自 止	자 행 자 지

다음 문장을 예쁘게 써 보세요.

팥으로 메주를

쑨대도 곧이듣는다

평안 감사도 저 ✓

싫으면 그만이다

하늘이 무너져도 솟아날 구멍이 있다

: 어떤 어려운 경우를 당하더라도 그것을 해결할 방법은 있게 마련이라는 말.

비슷한 고사성어

困窮而通(곤궁이통)_곤궁하더라도 통할 때가 생긴다는 뜻으로, 몹시 어려운 지경에 처하더라도 오히려 그런 곳에서 살아날 길이 생긴다는 말.

困 窮 而 通　곤 궁 이 통

困 窮 而 通　곤 궁 이 통

하룻강아지 범 무서운 줄 모른다

: 상대가 되지 못하면서 강한 상대에게 겁 없이 덤빈다는 말.

비슷한 고사성어

螳螂拒轍(당랑거철)_사마귀가 앞발을 들어 수레를 막는다는 뜻으로, 제 분수도 모르고 강한 적에게 덤비거나 무모한 행동을 한다는 말.

螳 螂 拒 轍　당 랑 거 철

螳 螂 拒 轍　당 랑 거 철

108

다음 문장을 예쁘게 써 보세요.

하늘이 무너져도
하늘이 무너져도

솟아날 구멍이 있다
솟아날 구멍이 있다

하룻강아지 범 무
하룻강아지 범 무

서운 줄 모른다
서운 줄 모른다

한날한시에 난 손가락도 짧고 길다

: 같은 형제라도 각각 다르다는 말.

비슷한 고사성어

十指有長短(십지유장단)_열 손가락도 길이가 다르다는 뜻으로, 여러 가지 사물이 각각 개성과 특성을 지니고 있다는 말.

十 指 有 長 短　십 지 유 장 단

十 指 有 長 短　십 지 유 장 단

호랑이 굴에 들어가야 호랑이를 잡는다

: 큰 목적을 이루려면 그만한 위험과 수고는 겪어야 한다는 말.

비슷한 고사성어

不入虎穴不得虎子(불입호혈 부득호자)_호랑이 굴에 들어가지 않으면 호랑이 새끼를 얻지 못한다는 뜻으로, 모험을 해야 큰 일을 할 수 있다는 말.

不入虎穴不得虎子 불입호혈부득호자

不入虎穴不得虎子 불입호혈부득호자

다음 문장을 예쁘게 써 보세요.

| | 한 | 날 | 한 | 시 | 에 | | 난 | | 손 | 가 |
| | 한 | 날 | 한 | 시 | 에 | | 난 | | 손 | 가 |

| 락 | 도 | | 짧 | 고 | | 길 | 다 | | | |
| 락 | 도 | | 짧 | 고 | | 길 | 다 | | | |

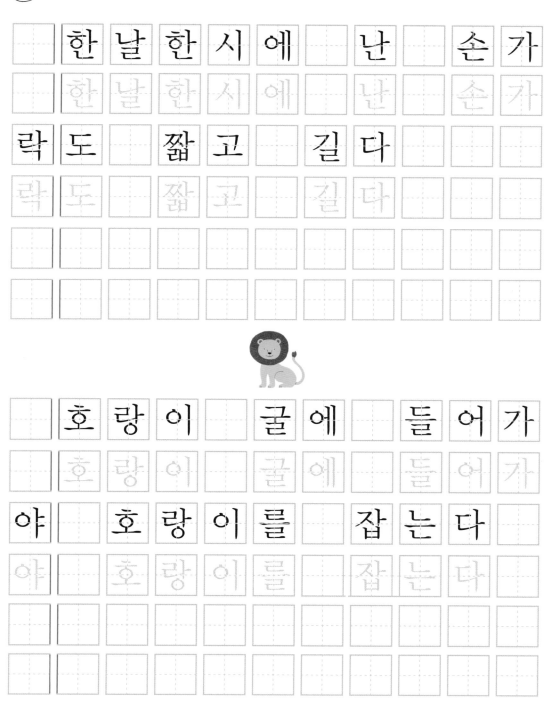

| | 호 | 랑 | 이 | | 굴 | 에 | | 들 | 어 | 가 |
| | 호 | 랑 | 이 | | 굴 | 에 | | 들 | 어 | 가 |

| 야 | | 호 | 랑 | 이 | 를 | | 잡 | 는 | 다 | |
| 야 | | 호 | 랑 | 이 | 를 | | 잡 | 는 | 다 | |

111

호랑이에게 물려 가도 정신만 차리면 산다

: 아무리 위험하더라도 정신만 똑바로 차리면 그 고비를 넘길 수 있다는 말.

비슷한 고사성어

中石沒鏃(중석몰촉)_돌에 화살이 깊이 박혔다는 뜻으로, 정신을 집중하여 전력을 다하면 어떤 일도 이룰 수 있다는 말.

中 石 沒 鏃　중 석 몰 촉

中 石 沒 鏃　중 석 몰 촉

호미로 막을 것을 가래로 막는다

: 적은 힘으로 될 일을 기회를 놓쳐 큰 힘을 들이게 된다는 말.

비슷한 고사성어

小貪大失(소탐대실)_작은 것을 탐내다가 큰 것을 잃는다는 뜻으로, 작은 이익에 정신을 팔다가 오히려 큰 손해를 보게 되는 어리석음을 이르는 말.

小 貪 大 失　소 탐 대 실

小 貪 大 失　소 탐 대 실

다음 문장을 예쁘게 써 보세요.

| | 호 | 랑 | 이 | 에 | 게 | | 물 | 려 | | 가 | 도 | ✓ |
| 정 | 신 | 만 | | 차 | 리 | 면 | | 산 | 다 | | | |

| | 호 | 미 | 로 | | 막 | 을 | | 것 | 을 | | 가 |
| 래 | 로 | | 막 | 는 | 다 | | | | | | |

황소 뒷걸음치다가 쥐 잡는다

: 어리석은 사람이 미련한 행동을 하다가 뜻밖에 좋은 성과를 얻는다는 말.

비슷한 고사성어

盲者正門(맹자정문)_소경이 문을 바로 찾는다는 뜻으로, 우매한
사람이 어쩌다가 이치에 맞는 일을 하였을 경우를 이르는 말.

盲	者	正	門	맹	자	정	문
盲	者	正	門	맹	자	정	문

흥정은 붙이고 싸움은 말리랬다

: 좋은 일은 권하고 나쁜 일은 말려야 한다는 말.

비슷한 고사성어

勸賣買鬪則解(권매매투즉해)_흥정은 붙이고 싸움은 말린다는
뜻으로, 좋은 일은 권하고 나쁜 일은 말려야 한다는 말.

勸	賣	買	鬪	則	解	권	매	매	투	즉	해
勸	賣	買	鬪	則	解	권	매	매	투	즉	해

다음 문장을 예쁘게 써 보세요.

	황	소		뒷	걸	음	치
	황	소		뒷	걸	음	치
다	가		쥐		잡	는	다
다	가		쥐		잡	는	다

	흥	정	은		붙	이	고	✓
	흥	정	은		붙	이	고	
싸	움	은		말	리	랬	다	
싸	움	은		말	리	랬	다	

스도쿠 4

 SUDOKU

9	5	3	1	2	6	8		4
8			3		5	1	9	2
1	7		4	9	8	5	3	6
	3	6	8	1	4			7
4	8	7	6	5	9	2	1	3
5	9	1				4	6	8
6		9	5	8		7	4	1
3	1	5	2		7	6	8	9
7	4	8	9	6	1	3	2	

DATE:

TIME:

116

미로 찾기 4

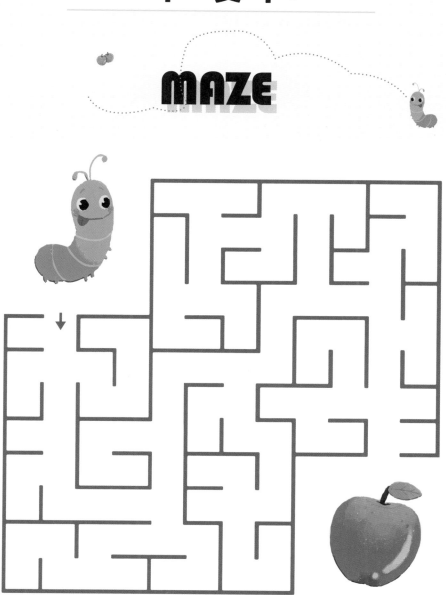

낱말 퍼즐 1

1. 1970년대에는 남자들의 머리가 길면 경찰이 강제로 잘랐음. 이것이 바로 ○○ 단속.
2. 가장 존귀한 자. 임금의 다른 말.
4. 폴란드계 프랑스 인으로 노벨상을 두 번이나 받은 여성 과학자.
6. 육지에 배가 통행할 수 있도록 만든 인공 수로. 파나마와 이집트에 있는 것이 유명함.
7. 출세를 하기 위해 거치는 관문, 혹은 중요한 시험.

1. 1970, 80년대 일요일 아침에 인기리에 방송된 TV 퀴즈 프로. 고등학생들이 출연함.
2. 지식과 교양을 갖춘 사람.
3. '도둑이 오히려 매를 든다'라는 뜻으로, 죄 지은 사람이 무고한 사람을 나무람.
5. 어떤 약품이 본래 용도 외에 부수적으로 나타나는 작용.

1			2		
					3
4		5			
				6	
	7				

낱말 퍼즐 2

3. 어떤 학문이나 기술에서 남달리 특출난 기술을 가진 사람.

5. 죄 지은 사람이 거적을 깔고 엎드려 높은 분의 처분을 기다리는 일.

6. 뽕나무밭이 변하여 푸른 바다가 된 것처럼 완전히 달라져 버린 것.

8. 작은 물고기를 포 떠서 말린 간식. 이름 때문에 서생원을 말린 것이라고 생각하는 분도 많다.

1. 소중한 옥(보석)과 돌멩이가 같은 취급을 받아 함께 불타 버림.

2. 사실을 과장하거나 현실성이 없는 일을 믿고 있는 상태. 소설속의 주인공 돈키호테 같은 경우.

4. 사람들이 무수히 많이 모인 것을 거대한 산이나 바다에 비유해서 일컫는 말.

7. 돈이 될 만한 물건을 담보로 잡고 돈을 빌려주는 곳. 금융기관은 아닌 사금융업의 일종.

1

	¹創		性
²始			
			³到
⁴		往	

作意來信末書

가로 열쇠 →

1. 새로운 일을 생각해내는 성질.
2. 행위의 처음 단계.
4. 소식을 적은 편지가 오고 감.

세로 열쇠 ↓

1. 작품을 독창적으로 만들어냄.
2. 사건의 경위를 소상하게 적은 문서.
3. 어떤 시기가 닥쳐옴.

2

¹開		者	
			²
³前		⁴未	
線		⁵	會

花代聞開拓聽

가로 열쇠 →

1. 새로운 분야의 길을 만드는 사람.
3. 들어본 적이 없는 놀라운 일.
5. 모임의 진행을 시작함.

세로 열쇠 ↓

1. 어떤 꽃이 처음 핀 날을 지역마다 연결한 선.
2. 어떤 안건에 관해 당사자에게 진술을 듣고 결정을 내리는 모임.
4. 문명이 발전하기 전 상태.

著¹ | ² | | 招³

不⁴

狀

⁵ 傳

虛名請敢遺子

3

가로 열쇠 →

1. 세상에 널리 알려짐.

4. 마음속으로는 간절하지만 감히 청하지는 못함.

5. 유전형질을 규정하는 인자.

세로 열쇠 ↓

2. 명성이 널리 알려진 것은 그만한 이유가 있기 때문임.

3. 누군가에게 어디로 오라고 청하는 글.

英¹ | | ² | 傑

華

蒼³

⁴ 眞 | | 漫

豪雄燦天爛

4

가로 열쇠 →

1. 보통 사람은 할 수 없는 일을 해내는 용기와 풍모가 대단한 사람.

4. 아이처럼 꾸밈이 없이 순수함.

세로 열쇠 ↓

2. 호사스럽고 눈부시게 아름다움.

3. 푸른 하늘.

종이접기

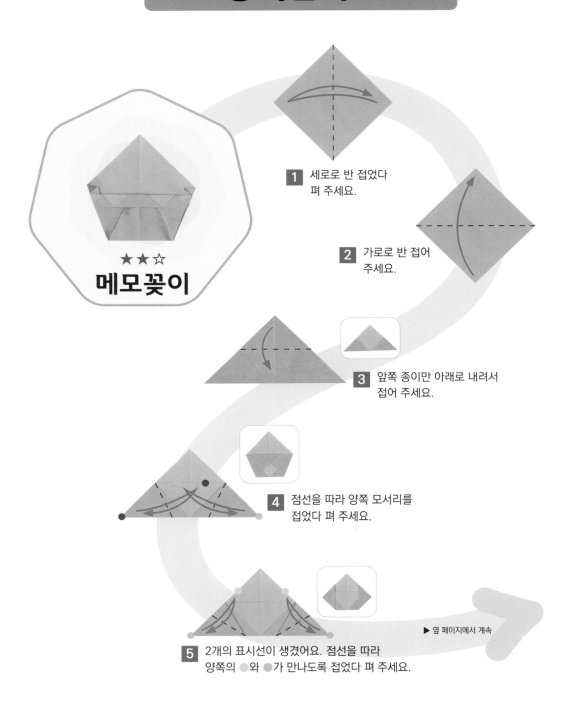

메모꽂이

★ ★ ☆

1 세로로 반 접었다
펴 주세요.

2 가로로 반 접어
주세요.

3 앞쪽 종이만 아래로 내려서
접어 주세요.

4 점선을 따라 양쪽 모서리를
접었다 펴 주세요.

5 2개의 표시선이 생겼어요. 점선을 따라
양쪽의 ●와 ●가 만나도록 접었다 펴 주세요.

▶ 옆 페이지에서 계속

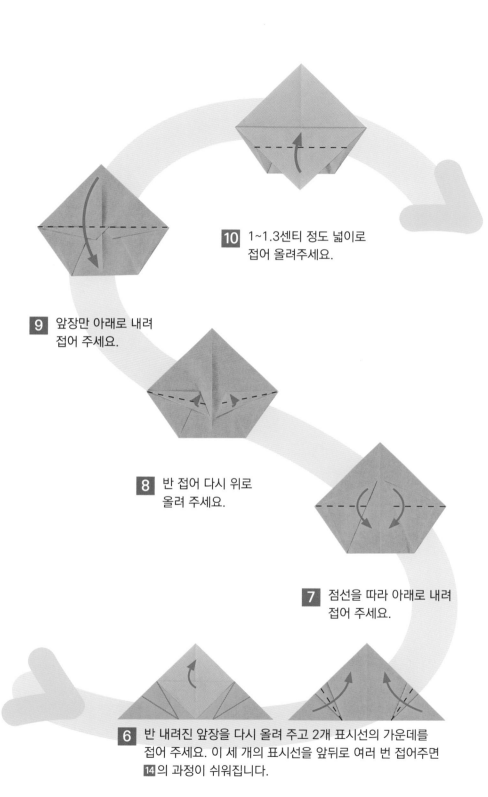

10 1~1.3센티 정도 넓이로
접어 올려주세요.

9 앞장만 아래로 내려
접어 주세요.

8 반 접어 다시 위로
올려 주세요.

7 점선을 따라 아래로 내려
접어 주세요.

6 반 내려진 앞장을 다시 올려 주고 2개 표시선의 가운데를
접어 주세요. 이 세 개의 표시선을 앞뒤로 여러 번 접어주면
14의 과정이 쉬워집니다.

11 다시 접어 내려주고

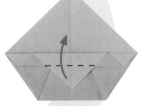

12 한번 더 올려주세요.

13 모서리를 안쪽으로 넣어 주세요.

14 옆면에서 가운데 표시선을 안쪽으로
밀어 넣고 정리해 주세요.
나머지 한쪽도 똑같이 해 주세요.

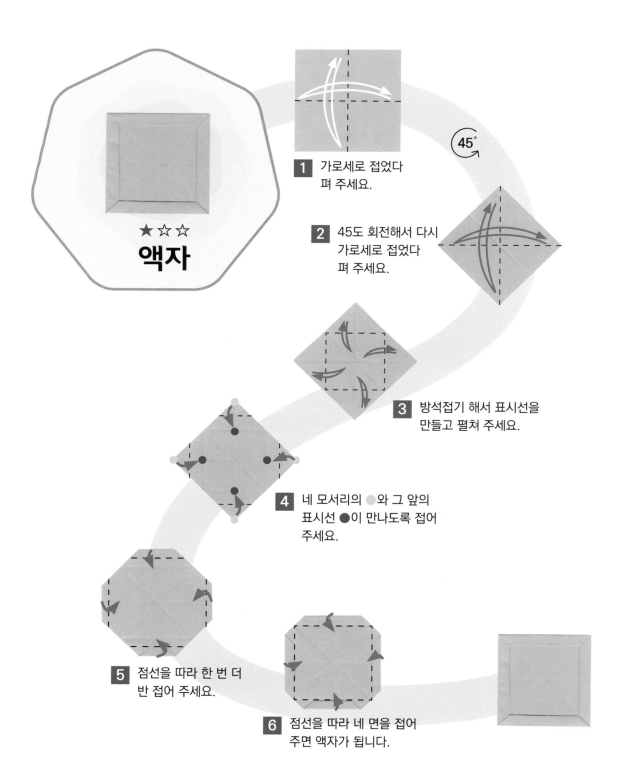

★☆☆
액자

1 가로세로 접었다
펴 주세요.

45°

2 45도 회전해서 다시
가로세로 접었다
펴 주세요.

3 방석접기 해서 표시선을
만들고 펼쳐 주세요.

4 네 모서리의 ●와 그 앞의
표시선 ●이 만나도록 접어
주세요.

5 점선을 따라 한 번 더
반 접어 주세요.

6 점선을 따라 네 면을 접어
주면 액자가 됩니다.

11월 오동 梧桐

오동에 봉황

'똥광'에는 닭 머리 (?) 와 오동잎이 등장한다 . 닭 머리처럼 보이는 이것은 예사로운 새가 아니다 . 최고 권력자인 쇼군 (将軍) 의 지위를 상징하는 바로 봉황의 머리다 .
검정색의 오동잎 역시 쇼군을 상징한다.

130

부록

ㄱ

1

5	4	8	9	6	3	1	7	2
3	2	6	7	5	1	8	4	9
9	1	7	2	8	4	5	3	6
6	8	9	1	3	2	4	5	7
1	3	5	4	7	6	2	9	8
4	7	2	5	9	8	3	6	1
7	9	3	8	1	5	6	2	4
2	5	1	6	4	7	9	8	3
8	6	4	3	2	9	7	1	5

36p

2

3	1	5	6	8	4	2	7	9
2	9	4	1	5	7	8	6	3
6	8	7	3	2	9	4	5	1
1	6	8	9	7	5	3	2	4
4	7	3	2	6	8	9	1	5
5	2	9	4	1	3	6	8	7
8	3	6	5	4	1	7	9	2
7	4	1	8	9	2	5	3	6
9	5	2	7	3	6	1	4	8

64p

3

5	8	9	6	4	7	1	3	2
6	3	2	9	1	5	4	7	8
4	7	1	8	3	2	6	9	5
9	5	7	2	6	4	8	1	3
1	2	3	5	7	8	9	4	6
8	4	6	1	9	3	5	2	7
7	6	8	4	2	9	3	5	1
3	1	4	7	5	6	2	8	9
2	9	5	3	8	1	7	6	4

92p

4

9	5	3	1	2	6	8	7	4
8	6	4	3	7	5	1	9	2
1	7	2	4	9	8	5	3	6
2	3	6	8	1	4	9	5	7
4	8	7	6	5	9	2	1	3
5	9	1	7	3	2	4	6	8
6	2	9	5	8	3	7	4	1
3	1	5	2	4	7	6	8	9
7	4	8	9	6	1	3	2	5

116p

미로 찾기

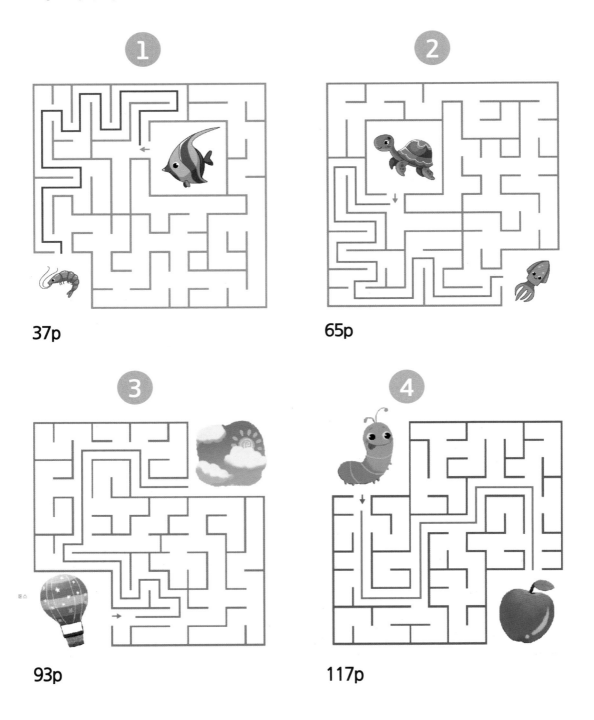

1

37p

2

65p

3

93p

4

117p

낱말 퍼즐

①

¹장	발		²지	존	
학			성		³적
⁴퀴	리	⁵부	인		반
즈		작		⁶운	하
	⁷등	용	문		장

119p

②

¹옥		²과		³달	⁴인
⁵석	고	대	죄		산
구		망			인
분		⁶상	⁷전	벽	해
			당		
		⁸쥐	포		

121p

한자 퍼즐

①

	¹創	意	性
²始	作		
末			³到
⁴書	信	往	來

122p

②

¹開	拓	者	
花			²聽
³前	代	⁴未	聞
線		⁵開	會

122p

③

¹著	²名		³招
	⁴不	敢	請
	虛		狀
⁵遺	傳	子	

123p

④

¹英	雄	²豪	傑
		華	
³蒼		燦	
⁴天	眞	爛	漫

123p

엮은이 김진남
한자를 쉽게 배울 수 있도록 한자십자퍼즐을 직접 창안하였다.

주요저서
《사자성어 활용사전》,《어부지리 한자》,《일거양득 한자》,《일사천리 한자》,《다다익선 한자》,
《한자 100배 즐기기》,《재미있는 한자퍼즐》,《교과서 한자 따라쓰기》,《한자능력 검정 시험》등 다수가
있다.

**어른을 위한
속담 필사 노트**

초판 1쇄 인쇄 | 2025년 4월 7일
초판 1쇄 발행 | 2025년 4월 14일

엮은이 | 김진남
편   집 | 이말숙
제   작 | 선경프린테크
펴낸곳 | Vitamin Book 헬스케어
펴낸이 | 박영진

등   록 | 제318-2004-00072호
주   소 | 07250 서울특별시 영등포구 영등포로 37길 18 리첸스타2차 206호
전   화 | 02) 2677-1064
팩   스 | 02) 2677-1026
이메일 | vitaminbooks@naver.com

ISBN 979-11-94124-09-2 (13690)

뇌 훈련·간병 예방에 도움되는

쉬운 색칠 그림

색칠하기 쉬운!
심플한 그림!!

1 봄 · 여름 꽃 편
　　마음에 드는 그림을 골라 색칠을 해 보세요.

2 가을 · 겨울 꽃 편
　　색칠을 하면 그대로 그림엽서가 되고 짧은 글도 적을 수 있어요.

3 야채 편
　　야채의 특징과 효능, 읽을거리 등 해설과 사진을 첨부하여 더욱 즐겁게 색칠할 수 있어요.

4 봄에서 여름을 수놓는 꽃 편
　　봄 · 여름 개화 순서로 나열되어 있어서 처음부터 색칠해도 좋아요.

5 과일 편
　　견본을 보고 똑같이 색칠하는 작업은 뇌가 활성화된다고 해요. 견본을 보면서 색칠해 보세요~

뇌 훈련·노화방지에 도움 되는

어른을 위한
한자퍼즐 ①

어르신
레크레이션북
시리즈 14

김진남 엮음

재미있게 한자를 익히는 퍼즐 게임!!

| 초성 퀴즈 | 속담 단어 | 漢字 | 스도쿠 | 미로 찾기 색칠하기 |

가로세로 한자 낱말 퍼즐!

기억력 · 판단력 · 집중력

Vitamin 헬스케어 Book

뇌 훈련·노화방지에 도움 되는

어른을 위한
한자퍼즐 ②

어르신
레크레이션북
시리즈 15

김진남 엮음

재미있게 한자를 익히는 퍼즐 게임!!

| 초성 퀴즈 | 속담 단어 | 漢字 | 스도쿠 | 미로 찾기 색칠하기 |

가로세로 한자 낱말 퍼즐!

기억력 · 판단력 · 집중력

Vitamin 헬스케어 Book

어르신
레크레이션북
시리즈 16

어휘력·뇌 훈련·노화방지에 도움 되는

김진남 엮음

어른을 위한
명심보감 필사 노트

明心寶鑑

직접 읽고 쓰고 기억하고 · 집중력 사고력 · 마음 수양 뇌 기능 향상

Vitamin 헬스케어 Book

어르신
레크레이션북
시리즈 17

어휘력·뇌 훈련·노화방지에 도움 되는

김진남 엮음

어른을 위한
채근담 필사 노트

菜根譚

직접 읽고 쓰고 기억하고 · 집중력 사고력 · 마음 수양 뇌 기능 향상

Vitamin 헬스케어 Book

어르신 레크레이션 북 시리즈

쉬운 색칠 그림 ① 봄·여름 꽃 편
시노하라 키쿠노리 감수 | 68쪽 | 12,000원

쉬운 색칠 그림 ② 가을·겨울 꽃 편
시노하라 키쿠노리 감수 | 68쪽 | 12,000원

쉬운 색칠 그림 ③ 과일 편
시노하라 키쿠노리 감수 | 68쪽 | 12,000원

쉬운 색칠 그림 ④ 봄에서 여름을 수놓는 꽃 편
시노하라 키쿠노리 감수 | 68쪽 | 12,000원

쉬운 색칠 그림 ⑤ 야채 편
시노하라 키쿠노리 감수 | 68쪽 | 12,000원

쉬운 색칠 그림 ⑥ 화투 편
건강 100세 연구원 지음 | 72쪽 | 12,000원

쉬운 종이접기
건강 100세 연구원 지음 | 94쪽 | 12,000원

어른을 위한 스도쿠 초급 편, 중급 편
건강 100세 연구원 지음 | 84쪽 | 각 권 12,000원

어른을 위한 미로 찾기
건강 100세 연구원 지음 | 100쪽 | 14,000원

어른을 위한 낱말 퍼즐 ① ②
건강 100세 연구원 지음 | 116쪽 | 각 권 14,000원

어른을 위한 초성 퀴즈
건강 100세 연구원 지음 | 144쪽 | 15,000원

어른을 위한 한자 퍼즐 ① ②
김진남 엮음 | 132쪽 | 각 권 15,000원

어른을 위한 명심보감 필사 노트
김진남 엮음 | 148쪽 | 14,000원

어른을 위한 채근담 필사 노트
김진남 엮음 | 148쪽 | 14,000원

어른을 위한 속담 필사 노트
김진남 엮음 | 148쪽 | 14,000원